Gedankenverloren

– Gedichte und Kurzgeschichten

Navika Deol

Herstellung und Verlag:
BoD - Books on Demand, Norderstedt
ISBN 978-3-7460-4673-0

This is for you, Mom!
Because I love you!

Zum Inhalt

„Gedankenverloren" ist ein Buch, welches
Gedichte, aber auch Kurzgeschichten
beinhaltet. Der Titel kommt daher, da mir die
Gedichte und die Ideen für meine kleinen
Werke meist in den Sinn gekommen sind,
wenn ich vor mich hin gedacht habe – wenn
ich mal unterwegs war oder wenn ich im Bett
lag und in meinen Gedanken versunken war.
Einige dieser Werke sind auch mal in der ein
oder anderen Vorlesung oder auch mal
während meinen Praktika in der Uni
entstanden.

Gedankenverloren Playlist

Complicated – Olivian O'Brien

Room For 2 – Dua Lipa

human – Christina Perri

Rock Bottom – Hailee Steinfield, DNCE

River Of Tears – Alessia Cara

This Town – Niall Horan

Memories – Shawn Mendes

Thief – Ansel Elgort

Truthfully – DNCE

Dangerously – Charlie Puth

Shadows – Sabrina Carpenter

Where Do We Go From Here? – Ruelle

Bumper Cars – Alex & Sierra

Stay Together – Noah Cyrus

Small Doses – Bebe Rexha

Atmosphere – Bebe Rexha

A Thousand Years – Christina Perri

Empty – Olivia O'Brien

She's Not Me, Pt 1 & 2 – Zara Larsson

Show 'Em (What You're Made Of) – Backstreet Boys

A Bible Of Mermaid Pictures (Acoustic) – Sofia Karlberg

Das Ende der Welt?

Es zieht uns auseinander,
Die Nähe ist ganz verschwunden.
Kein bisschen Leidenschaft,
Keine Gefühle.

Nichts als Leere in mir.
Und sie?
Fühlt sie das Gleiche?
Trauer breitet sich in mir aus.

Ich spüre noch mehr Leere.
Keine Leidenschaft.
Keine Gefühle,
Als wär' die Welt am Ende.

Der letzte Hoffnungsschimmer:

Er ist verblasst!

Es bleibt nichts,

Nichts als unendliche Leere.

Das Funkeln der Sterne

Strahlende Sterne
Lassen mich erwachen.
Der Mond steht am Himmel hoch,
Vertreibt die Dunkelheit.

Langsam aber sicher,
Schreite ich dahin.
Hör' im Hall meiner Schritte
Die Nachtigall erklingen.

Erleuchtet ist der Weg,
Vom Mondschein und den Sternen.
Das Knirschen der Steine
Nur leise zu hören.

Die Welt steht still.

Kein Lärm. Kein Wind.

Nur mein Atem -

Und meine Schritte.

Doch dann höre ich es!

Vertraute Schritte.

Schnelles Herzklopfen

Überrascht mich.

Ein Feuerwerk im Stillen,

Als die Blicke sich begegnen.

Unsere Blicke!

Voller Sehnsucht.

Eine Begegnung.

Ein Herzschlag.

Ein Kuss.

Eine Ewigkeit!

Der Wunsch nach mehr,

Mehr Zeit!

Ein Stoßgebet zum Himmel.

Für die Ewigkeit!

Doch die Nacht ist nicht ewig.

Das Morgengrauen naht,

Ein letzter Kuss,

Eine erste Träne.

Die Welt erwacht,

Die Nacht verschwindet.

Sonnenstrahlen am Horizont

Verdrängen die Sterne.

Ein letzter Blick.

Eine letzte Berührung.

Die Sehnsucht nach mehr!

Doch müssen die Wege sich trennen.

Die Wahrheit

Sie werfen mir Sachen vor,

Schlimme Sachen,

Dinge, die ich nie getan habe,

Dinge von denen sie meinen

Ich hätte sie getan!

Sie verurteilen mich,

Suchen die kleinsten,

Allerkleinsten Fehler in mir,

Sie wollen mich als Schuldige,

Als Sündenbock!

Sie reden über mich,
Verbreiten Lügen,
Harmlose Lügen,
Krasse Lügen
Und auch kranke Lügen!

Andere glauben es,
Glauben diese Lügen,
Glauben diese Dinge,
Ohne mich zu fragen,
Ob es überhaupt stimmt.

Ich fühle mich unsicher,
Hab Angst,
Fühle mich bedrückt,
Und ringe nach Atem,
Nach frischer Luft.

Dabei sollte ich doch
Ihre Wort ignorieren,
Verbannen und vergessen,
Denn immerhin habe ich -
Das alles nicht getan.

Ich bin auch nicht so,
So wie sie sagen,
Sie kreieren eine ganz,
Ganz andere Person
Von mir!

Jeder, aber auch jeder
Scheint es zu glauben,
Meint die Fehler
Und die bösen Dinge
In mir zu sehen!

Aber sie sehen einen
Schwall aus Lügen,
Eine Mauer aus Falschem,
Eine Fassade aus Schlimmem,
Kreiert von anderen!

Sie sehen nicht mich,
Wie ich wirklich bin -
Wie ich wegen ihnen
Tiefer in dem Loch,
Pechschwarzen Loch versinke.

Sie meinen mich zu kennen,
Meine Gefühle zu kennen,
Meine Gedanken zu kennen,
Alles von mir zu kennen,
Selbst mein ganzes Leben!

Doch sie liegen falsch,
Falscher als falsch,
Was sie wirklich preisgeben
Ist ihren wahren Charakter,
Das Monster in ihnen!

Sie brauchen ein Opfer,
Einen Sündenbock,
Jemand, der sie
Ins gute Licht stellt,
Sie heldenhaft wirken lässt!

Sie wollen sie verstecken,
Ihre Makel, ihre Fehler,
Ihre Verbrechen und
Schlimmen Missetaten,
Ihre dunkle Seelen!

Niemand soll hinter
Ihre schöne Mauer blicken,
Denn dahinter ist
Die Wahrheit,
Die traurige Wahrheit.

Ein verwüsteter Garten,
Komplett verwildert,
Das reinste Chaos,
Überall Dunkelheit
Und Trauer!

Auch das Böse lauert dort,
Hinter dem verlassenen Schuppen,
Aber keiner darf es sehen,
Das Böse soll verborgen bleiben,
Nur die Trauer darf gezeigt werden.

Denn sie wollen Mitleid,

Trost von anderen Menschen,

Um die Kälte endlich...

...zu vertreiben,

Los zu werden!

Dabei vergessen sie,

Dass sie andere Menschen,

Menschen wie mich

Komplett zerstören,

Kaputt machen!

Sie machen mich kaputt,

So kaputt, dass das Loch,

Das Schwarze Loch,

Immer tiefer wird,

Tiefer und Dunkler!

Alle Lichtflecken scheinen
Zu schwinden,
Alle Hoffnung verblasst,
Die Hand, die man ergreift,
Gehört ihnen!

Sie strecken die Hand hin,
Versprechen dir zu helfen,
Dir nicht weh zu tun,
Dich zu schätzen und
Deine wahre Seite zu sehen!

Du ergreifst die Hand,
Denn sie ist Hoffnung,
Hoffnung für dich,
Das Licht, das dich aus
Der Dunkelheit zieht!

Aber du liegst falsch,

Falscher als falsch,

Denn diese Hilfe,

Sie ist nur ein Schein,

Ein schrecklicher und schöner Schein!

Sie geben dir Hoffnung,

Sie geben dir Licht,

Und wieso?

So plötzlich,

aus dem Nichts!

Ganz einfach:

Sie wollen dich noch tiefer,

Viel tiefer als zuvor

In das Schwarze Loch

Hineinstoßen!

So tief, dass du
Kein Entrinnen mehr siehst,
Alle Hoffnung aufgibst,
Alles Vertrauen fallen lässt
Und nur noch loslassen willst!

Aber du musst es
In die eigene Hand nehmen,
Selbst aus diesem Loch
Herauskommen,
Ohne fremde Hilfe!

Und diese Menschen,
Die die dir weh getan haben,
Musst du zurück lassen,
Sie ignorieren,
Jeglichen Kontakt vermeiden!

Verbanne sie
Und ihre Gräueltaten
Aus deinem Kopf,
Aus deinem Herz,
Aus deiner Seele!

Verbanne die dunklen,
Schlimmen Gedanken
Aus deinem Leben
Und nicht nur die Gedanken
Sondern auch die Menschen!

Denn sie sind wie Steine,
Steine, die dir in den Weg gelegt werden,
So dass du nicht weiter kommst,
Keinen Ausweg mehr
Zu kennen scheinst!

Aber es liegt an dir,
Bleibst du stehen
Und scheiterst,
Oder räumst sie aus dem Weg
Oder umgehst sie!

Egal, ob du sie nur umgehst,
Oder aber wegräumst,
Das Schwarze Loch schwindet
Und diese Menschen,
Sie können dir nichts mehr!

Du lebst dein Leben,
So wie DU es willst!
Ich lebe mein Leben
Wie ICH es will
Und nicht wie jemand anders!

Aber eins habe ich gelernt,

Mich geht das Leben

Der anderen nichts an,

So wie sie mein Leben

Nichts angeht!

Ich lebe für mich,

Erreiche meine Ziele,

Meine Wünsche und

Meine tiefsten und

Schönsten Träume!

Du hast nichts gesagt...

Du hast nichts gesagt.

Damals...

Als wir uns trennten,

Du mich verlassen hast.

Schuld lastet auf mir.

Auf meinen Schultern,

Auf meinen Armen:

Auf meinem ganzen Körper.

Ich kann noch deine Hand fühlen.

Höre deine raue, sanfte Stimme

In meinem Ohr.

Ihr Hall vergeht nie.

Ich fühle noch den Rhythmus,
Den Rhythmus deines Herzen.
Wie es klopfte.
So schnell – und so wild.

Deine geröteten Wangen
Nach unserem ersten Kuss.
Die Worte auf deinen Lippen:
Ich liebe dich!

Noch immer höre ich sie.
Diese magischen Worte.
Kann sie nie verdrängen,
Werde sie nie vergessen.

Die Vergangenheit,
Die Gegenwart,
Die Zukunft -
Nur du bist in meinen Gedanken.

Nur du -

Und die Schuld:

Ich habe dich gehen lassen,

Losgelassen.

Doch da ist diese eine Frage,

Diese eine Frage in meinem Kopf,

Die eine Frage, die ich nicht vergesse:

Warum?

Ein Tropfen

Tip Tap, Tip Tap,
Hört man leise,
Wie es tropft,
Ganz leise...

Näher kommst du.
Lauter wird es –
Das Tropfen.
Aber was tropft?

Langsam verstummt es.
Das Geräusch ist weg,
Aber du siehst es:
Das Blut.

Entflammt

Bei dem kleinsten,

Kleinsten Gedanken,

Gedanken an dich,

Fängt mein Herz,

Mein Herz an,

An zu rasen.

Ein Grinsen,

Grinsen erscheint,

Erscheint auf meinem,

Meinem Gesicht und,

Und hinterlässt,

Hinterlässt Glückseligkeit.

Dein Anblick lässt,

Lässt mich strahlen,

Strahlen wie die Sterne,

Sterne am Nachthimmel.

Nachthimmel, der so,

So wunderschön ist.

Ich schwebe,

Schwebe auf Wolke 7,

Wolke 7 nur für dich,

Dich sichtbar,

Sichtbar, wenn du,

Du bei mir bist.

Farben funkeln.

Funkeln um uns,

Uns herum,

Herum, wenn wir,

Wir beide,

Beide vereint sind.

Es bedrückt mich

Es bedrückt mich,

Macht mich verrückt,

Bereitet Schmerz,

Seelischen Schmerz.

Ich sehe kein Entrinnen,

Es frisst mich von innen auf,

Zerreißt mich,

Zerstört mich.

Ich sehe nur noch den Schmerz,

Die Qual und das Leid,

Das Zusammenziehen der Brust,

Den Kloß im Hals.

Ich möchte nicht zerbersten,

Ersticken unter all dem Leid,

Untergehen in Kummer,

Kämpfen gegen die Qual.

Doch ich sehe kein Entrinnen,

Es holt mich auf,

Beginnt von vorn:

Es bedrückt mich...

Es tut mir so Leid...

Es gibt Momente. Verschiedene Momente. Momente, in denen ich überaus glücklich bin. Dann welche, in denen ich wütend bin oder zutiefst enttäuscht. Und noch die Momente, in denen ich traurig bin. Letztere kommen meist mit Momenten, in denen ich mich wertlos fühle und in denen ich enttäuscht von mir selbst bin. Manchmal, aber eher öfter passiert dies ohne jeglichen Grund. Ich stehe auf und fühle mich traurig. Ohne Grund. So wie heute. Bin aufgestanden und habe gemerkt, dass etwas nicht stimmt. Im Laufe des Tages kam die Traurigkeit. Gefolgt von der Wertlosigkeit und Enttäuschung. Das alles – ohne ersichtlichen Grund.

In solchen Momenten oder soll ich sagen an

solchen Tagen? Egal. Hauptsache ich sage etwas in Bezug darauf. An solchen Tagen will ich allein sein. Meine Beine anwinkeln und meine Arme um sie schlingen. Ich möchte mich in einer Ecke verkriechen und nicht mehr heraus kommen. Und wenn ich es lang genug tue kommen die Tränen. Ohne ersichtlichen Grund. Sie fließen und ich kann sie nicht zurück halten. Während die Tränen fließen fühle ich mich noch schlechter. So allein. So verlassen. So traurig. In solchen Momenten, an solchen Tagen habe ich die verschiedensten Gedanken, aber die meisten haben mit Wertlosigkeit zu tun. Und Selbstmord. Ich finde gefallen an dem Gedanken, dass ich ein Messer in meine Brust ramme. Gefallen an dem Gedanken von einer Brücke zu springen. Aber dann überkommt mich diese Angst. Schreckliche Angst. Die Angst vor dem Tod.

Vor allem von dem, was danach kommt. Ist da überhaupt etwas danach? Dann denke ich auch an die Folgen. Die Menschen, die ich zurück lasse oder besser gesagt die eine Person, die ich zurück lasse. Meine Mutter...

Aber heißt das, dass die Gedanken verschwinden? Nein, sie bleiben. Sie geraten vielleicht in den Hintergrund, aber weg sind sie nie. Auch diese Gefühle, diese Traurigkeit, diese Wertlosigkeit und diese Enttäuschung. Sie bleiben. Wenn ich denke, dass es endlich gut ist und ich wieder normal sein kann kommt alles zurück. Zieht mich zurück. Ich kann nichts dagegen machen. Ich will weinen. Ohne, dass mich jemand sieht. Den Tränen freien Lauf lassen und mich ganz klein in meine Decke einkuscheln, um mich nicht so alleine zu fühlen. Aber die Einsamkeit verschwindet nicht. Nicht einmal, wenn die

Menschen, die ich liebe um mich herum sind oder mich in den Arm nehmen und mir sagen wie sehr sie mich mögen. Gefühlt sind sie Meilen entfernt und je näher ich komme, desto weiter entfernen sie sich. Meine Brust zieht sich zusammen und ich weiß nicht was ich tun soll.

Man sagt mir es hilft darüber zu reden, aber wie soll ich mit jemandem darüber reden, wenn er mich nicht versteht und nur leere Floskeln spricht, um mich zu trösten. Oder wie soll ich überhaupt den Mut aufbringen? Ich will nicht, dass sie sehen wie kaputt ich bin. Dass ich vollkommen zerstört bin und es Jahre brauchen würde mich zu heilen. Mit wem soll ich sprechen? Ich habe Angst vor den Reaktionen. Dass die Menschen, mit denen ich spreche, mein Problem nicht als Ernst ansehen und nur sagen, dass das alles nur Einbildung ist und dass ich mir keine Sorgen machen muss. Ich soll stark sein, sagen sie und wenn ich mir nur oft genug einrede, dass ich toll bin, dann werden diese Momente verschwinden.

Angeblich! Ich rede mir so oft ein, dass ich toll bin! Und was ändert sich? Nichts, verdammt nochmal! Diese Gedanken kommen zurück. Die Momente kommen immer und immer wieder. Ich fühle mich traurig und wertlos.

Besonders schlimm wird es, wenn ich mein Äußeres in solchen schlimmen Momenten sehe. Wenn ich mein Gesicht sehe. Alles an mir erscheint mir hässlich, fett und ekelhaft. Ich hasse alles an mir und will mich am Liebsten runter hungern. Bis ich zufrieden bin. Bis ich dünn und schön bin, denn so wie ich jetzt bin fühle ich mich fett und hässlich. Alles an mir ekelt mich an. Ich frage mich wie andere Menschen es schaffen mich anzusehen ohne sich nicht die Augen auskratzen zu müssen. Diese Gedanken machen mich noch trauriger und noch mehr Tränen scheinen zu fließen. Ich kralle meine Fingernägel in meine Haut, in der Hoffnung, dass...dass Blut fließt. Dass Narben entstehen, dass ich bis an meine Venen vordringe...diese auf kratze und verblute. Ich möchte in meiner eigenen Blutlache liegen, denn ich fühle mich so wertlos. Ich bin es nicht wert auf dieser Welt zu sein. Habe dieses Leben nicht verdient. Jetzt, in diesem Moment, in dem ich diesen Satz hier schreibe füllen sich meine Augen mit Tränen und sie fließen über meine Wangen. Ich fühle mich so einsam. Wieso hilft mir keiner? Wieso versteht mich keiner? Wieso hilft mir keiner?!

Es tut mir so Leid...das...das alles...

Feel it

Gedanken über Gefühle,
Gefühle über Gedanken.

Kopf über Herz,
Herz über Kopf.

Gedanken oder Herz,
Herz oder Gedanken.

Gefühle oder Kopf,
Kopf oder Gefühle.

Kopf und Gedanken,
Gedanken und Kopf.

Herz und Gefühle,
Gefühle und Herz!

<u>Feelings</u>

Erdrückt von
Gedanken und Gefühlen,
meinen eigenen Emotionen.

Erdrückt von
Wertlosigkeit und Enttäuschung,
fließen Tränen.

Einsamkeit
Überkommt mich und
Zerstört mich...

Allein
Bin ich...
...erfüllt von Trauer.

Träume,

die zerplatz sind,

belasten mich.

Alle Hoffnung...

Welche Hoffnung?

Ich habe sie nicht.

Gedankenverloren

Es gibt Tage, an denen ich mich echt frage wieso wir existieren. Ich meine wir zerstören alles und ziehen uns tiefer ins Verderben, findet ihr nicht? Aber jetzt mal beiseite mit den Gedanken, dass wir uns eines Tages selbst umbringen werden. Lieber zurück zu meinem ersten Gedanken.

Wieso wir existieren.

Das frage ich mich in den unpassendsten Momenten. Total komisch, oder? Vor allem, weil ich in diesen Momenten von keinem aus den Gedanken gerissen werde und dann kommt auch automatisch die Frage was nach dem Tod mit uns passiert. Wenn das geschieht, dann macht sich dieses blöde Gefühl in meiner Magengegend bemerkbar und ehrlich gesagt:

ich bekomme dann Angst. Denn dieses Gefühl im Bauch geht dann nicht so schnell weg. Irgendwie bleibt es und macht mir noch mehr Angst. Ich habe dann das Gefühl gleich in Tränen auszubrechen und möchte nur noch in die Arme einer bestimmten Person. Wenn ich jetzt sage, wer diese Person ist, werden sich manche von euch vielleicht denken, was ich denn für eine komische Person bin, aber ich habe immer noch die Hoffnung, dass einer von euch da draußen nachvollziehen kann, was ich denke. Um euch nicht länger auf die Folter zu spannen: am liebsten würde ich in diesen Momenten wieder ein kleines Kind sein und in das Bett meiner Eltern kriechen und mich dicht an meine Mutter pressen. Damit die Angst vergeht. Damit ich mir keine Gedanken über das machen muss was morgen kommt oder übermorgen. Wenn ich irgendwann alt bin und sterbe. Oder wenn meine Eltern irgendwann alt sind und ich sie dann nicht mehr anrufen kann und mit ihnen reden kann, wenn ich ihre Stimme hören will. Und während ich das hier nieder schreibe füllen sich meine Augen mit Tränen. Wieso fragen sich einige bestimmt. Diese Frage kann ich auch ganz einfach beantworten: ich habe Angst sie zu verlieren. Angst, nie wieder ihre Stimme hören zu können. Angst, nie wieder den vertrauten Geruch wahr zu nehmen, der mich beruhigt, wenn ich aufgewühlt bin. Angst, sie nie wieder in echt sehen zu können und über Bildern hängen zu müssen und Tränen zu vergießen.

An so etwas denke ich in den unpassendsten Momenten und es ist nicht einfach dazusitzen und zu tun als sei alles in Ordnung, obwohl in dir alles weint und sich danach sehnt in diese vertrauten Arme geschlossen zu werden. In diesen Momenten versuche ich mich abzulenken, an etwas schönes zu denken oder ein dummes Spiel auf meinem Handy zu spielen, so dass ich den Moment vergesse. Da kommt es schnell, dass ich an absurde Sachen denke. Wie zum Beispiel was passieren würde, wenn ich plötzlich der halben Welt eröffne, dass ich kitschige Gedichte schreibe und davon träume mit diesen berühmt zu werden und alle möglichen Menschen damit zu berühren. Aber ich überlege auch was passieren würde, wenn man einen Teil seiner eigenen DNA in Bakterien übertragen würde. Was würden diese Bakterien dann damit anstellen, wenn sie unsere Erbinformation in sich tragen? Tja, dann vergesse ich schon wieder was ich davor gedacht habe und meistens unterbricht dann jemand meinen

Gedankenfluss und ich werde dann in ein Gespräch verwickelt, was am Ende dann darauf hinaus läuft, dass ich anfange über Essen zu reden. Dann unterhält man sich über leckere Gerichte und natürlich läuft einem das Wasser im Mund zusammen.

Und meine Gedanken von vorhin gehen wieder verloren in den Schubladen der Erinnerungen bis ich sie irgendwann wieder aufmache, was manchmal ewig dauert, aber auch noch am gleichen Tag sein kann.

Aber, wenn sich das hier schon mal über Gedanken dreht: habt ihr schon mal darüber nachgedacht wo ihr in zehn Jahren sein werdet? Ich weiß, dass es den meisten ja darum geht den einen Arbeitstag, Schultag oder die eine Vorlesung in der Uni zu überstehen. Aber bin ich wirklich die einzige Person, die sich Gedanken über ihre Zukunft

macht mit Sachen wie „Was wäre, wenn...?"
oder „Werde ich...?" oder „Vielleicht habe ich
oder bin ich in zehn Jahren..."

Ich kann unmöglich die einzige sein, aber
manchmal frage ich mich echt wieso ich diese
Gedanken habe? Denn diese Überlegungen
halten mich davon ab im hier und jetzt zu
leben, aber irgendwie kann ich nicht anders
oder vielleicht will ich nicht anders?

Eins weiß ich: meine Gedanken schweifen ab
und sind durcheinander und ohne meine
Gedanken wäre ich nicht ich oder doch?

Hilflos

Herausragende Knochen,

Spitze Schultern,

Eingefallene Wangen...

Sie schwindet dahin,

Eine graue Träne – getrocknet

Auf der fahlen Haut.

Ohne Träume,

Ohne Wünsche,

Ohne Hoffnung...

Sie verbirgt sie,

Die Narben

Das Zeichen ihrer...

...ihrer was?

Keiner weiß es –

Nicht einmal sie.

In einer Welt

Verloren in einer Welt
Voll schimmerndem Glück
Stehen wir allein'
Überwältigt, ohne Zurück.

In mir

Das Funkeln der Sterne
Zieht mich in den Bann.
Erinnert an deine Augen,
Den intensiven Blick.

Mit offenen Augen,
Scheine ich zu träumen.
Meine Gedanken wandern
Immer wieder zu dir.

Kribbeln auf der Haut
Bei jeder kleinsten Berührung.
Ein Flimmern im Bauch
Wie ein Feuerwerk am Himmel.

Nichts als Facetten

Nichts als Facetten.

Das sind wir.

Verstecken uns hinter einer Fassade,

die nicht echt ist.

Wir erschaffen unsere eigene Welt.

Mit unseren Träumen,

Fantasien und Ängsten!

Doch keiner blickt dahinter;

Außer uns?

Keiner kennt die wirklichen Gesichter,

Niemand ahnt wer dahinter steckt.

Und trotzdem lassen wir uns leiten,

Vertrauen diesen Unbekannten!

Wir meinen sie zu kennen...

Doch am Ende?

Am Ende ist es eine,

Eine von vielen Facetten,

Eins von vielen Gesichtern -

Es ist nichts als Fassade!

Nie mehr zurück

Der Augenblick, in dem ich ihn sah,
Die Welt schien still zu stehen.
Es waren nur noch er und ich
Der Rest verschwamm einfach.

Die Augen strahlten mich an:
So wunderbares blau,
Zum Versinken und Verlieben,
So wunder-, wunderschön!

Ich war verloren,
Verloren in dieser schönen Welt.
Wollte nie mehr zurück -
Will nicht mehr zurück.

Nur ein Traum

Wenn Wünsche
In Erfüllung gehen,
Ängste
Gegenwärtig sind.

Wenn Gefühle
Stärker als Gedanken sind,
Zeit
Still zu stehn scheint.

Wenn Dinge,
merkwürdige Dinge geschehen,
wir öfter,
Öfter Tote Menschen sehn.

Wenn Welten

Miteinander verschmelzen,

Dann ist nichts real:

Es ist nur ein Traum!

Our world

Seeing the bright stars
Lighting up the night.

Deep blue sky,
Shadows around us.

Lovely moonshine
Showing us the way.

We're losing ourselves
in this perfect dream.

Magic fog suddenly appears:
Holds us from the castle.

We try to escape

But are left in misery.

Waking up and –

Facing reality...

Sie

Sanfte Züge voll Glückseligkeit,

Ein schimmernder Augenblick.

Sonnenstrahlen voll Euphorie,

Wiegen das Kind ins Glück.

Schallend lacht es

In gefühlvollen Armen.

Geborgenheit lässt sich spüren,

Der Geruch von Wärme fällt herab.

Zart und rau zugleich,

Erscheinen die feinen Hände.

Streichen wieder und wieder

Über die weiche Haut.

Und doch verblasst es.

Dieses Gefühl – es geht zu Ende.

Und dennoch:

Die Erinnerung an sie hinterlässt

Glückseligkeit.

Stille

Das ständige Ticken,
Der Lärm auf den Straßen,
Kreischende Vögel,
Heulende Hunde.

Die Luft geht aus,
Wir ersticken!
Ein letztes Mal,
Den Asphalt erblicken,

Stein über Stein
Erdrückt uns langsam,
Keiner scheint zu wissen:
Wir tragen die Schuld in uns.

Die Luft wird knapp.

Das Grüne stirbt.

Ein letzter Schrei,

Und Stille für immer.

The love I loved the most

Trauer. Ein Wort, welches jeder kennt und schon einmal gehört hat. Aber die wahre Bedeutung kennen nur wenige. Klar ist jeder einmal traurig, aber in Trauer versunken sind nur die Wenigsten. Diejenigen, die keine helfende Hand haben, die aus dem dunklen Loch heraus hilft. Es sind diejenigen, die allein gelassen wurden und um die sich keiner mehr kümmert. Oder besser gesagt: diejenigen, um die sich keiner kümmern will.

Wenn man zu dieser Personengruppe gehört, dann fühlt man sich nicht nur einsam. Man empfindet auch Hass. Nicht auf die Mitmenschen oder auf die Menschheit generell, sondern auf eine ganz bestimmte Person. Auf sich selbst. Man hasst sich. Mehr als alles andere in der Welt.

Zu dieser Personengruppe gehöre ich und es ist meine Ansicht über die Dinge. Es mag sein, dass es Menschen da draußen gibt, die das anders sehen. Laut den Personen in meinem Umfeld existieren diese Menschen und auch Menschen, die meinen ich sei wichtig. Aber ich habe die Hoffnung an auch nur solch einen einzigen Menschen aufgegeben. Wenn ich ehrlich bin, habe ich alle Hoffnung aufgegeben. Die Hoffnung an meine Mitmenschen, an die Menschheit, an alle Lebewesen da draußen und letztendlich auch an mich selbst.

Ich habe es nicht geschafft aus dem dunklen, tiefen Loch herauszukommen. Nein! Stattdessen habe ich es immer tiefer gegraben und jetzt ist es so tief, dass jeder Versuch herauszukommen ausweglos ist. Jeder, der auch versucht hat mir ansatzweise zu helfen hat sich selbst ins Verderben gestürzt oder hat nur mit mir ein Katz und Maus Spiel getrieben. Ich hatte leider das Pech die Maus zu sein, und somit wurde das Loch immer tiefer. Es ist so tief, dass ich nicht mal mehr Licht am Ende sehe. Nur Dunkelheit umgibt mich.

Man sagt ja, dass mit der Dunkelheit die Stille kommt, aber Stille war mir nicht gewährt und wird mir auch nie gewährt sein. Überall höre ich den Spott, die herablassenden Kommentare und alles fällt auf mich herab. Versuche ich die Stimmen zu übertönen, werden sie lauter und mein eigene Stimme leiser. Selbst wenn ich die Ohren zuhalte, werden die Geräusche nicht leiser. Sie sind in mir drin. In meinem Kopf und werden nie wieder verschwinden. Ich bin ewig gestraft.

Ich habe nur mich selbst. Mich selbst und diese gähnende Leere um mich herum. Manchmal ist diese Leere meine beste Freundin. Scheint mir Wärme zu spenden. Ich habe das Gefühl geborgen zu sein und meine das Licht zu sehen. Meine, einen Ausweg aus dem Loch zu sehen. Aber wie gesagt, das – ist nur manchmal... Die meiste Zeit fühle ich mich leer und habe das Gefühl meine komplette Energie würde von der Dunkelheit aufgesogen. In diesen Momenten ist mir kalt. Wenn man es genau nimmt fast immer. Die Leere und die Dunkelheit ergreifen Besitz von mir. Sie spielen mit mir und wenn sie fertig sind hinterlassen sie eine Hülle. Eine lebende Leiche.

Früher dachte ich immer...nein, ich war der klaren Überzeugung, dass eines Tages jemand kommen würde und mich retten würde. Wie der Prinz auf seinem Ross in Märchen. Umgeben von dem strahlenden Licht wie man es aus Märchen kannte. Dieser Prinz kam. Er holte mich aus dem Loch. Spendete Wärme und Geborgenheit. Ich war glücklich. Fühlte mich leicht. Voller Leben! Die Welt um mich herum war wie eine Weide voll Schönheit. Doch ich erkannte das Grauen unter dieser Weide nicht. Die Dunkelheit. Ich war blind. Blind vor Liebe und Geborgenheit. Dieses Wohlergehen hatte mich verdorben und unvorsichtig werden lassen. Ich habe jegliche Warnungen ignoriert und war überaus glücklich mit meinem Retter in der Not. Meinem Prinzen, der mich aus dem Loch gezogen hatte. Doch ich hätte nie ahnen können, welch großen Fehler ich begangen hatte. Angefangen damit, dass ich seine Hand ergriffen hatte, damit ich endlich aus diesem

Loch entkam. Er war der einzige Hoffnungsschimmer gewesen und jetzt ist er nur noch der, der ein anderes Loch gegraben hat. Eins, welches noch tiefer und dunkler war als das Alte. Das dunkle Loch, in dem ich nun saß. Er hatte mich gerettet, um mich dann noch tiefer zu verletzen. Mich zu zerstören. Als ich meinen Fehler erkannte war es bereits zu spät. Er hatte mich bereits in das Loch geworfen und war schon längst über alle Berge als die Erkenntnis kam. Darum heißt es ja: Prinzen existieren nur in Märchen.

Ich fühle mich so leer. So verloren. So dunkel. Nichts macht mehr Sinn. Die Leere frisst mich auf. Vielleicht hat auch dieses trostlose Leben keinen Sinn mehr?

Wer kennt uns wirklich?

Sie meinen mich zu kennen.

Richtig zu kennen.

Alle meine Geheimnisse,

Meine Ängste und Sorgen!

Doch sie liegen falsch.

So falsch, dass sie es wissen müssten.

Doch sie wissen es nicht!

Sie denken sie wüssten alles.

In Wahrheit sind es nicht,

Nichts als Spekulationen!

Geschichten, die sie erfinden,

Weil sie ihnen gefallen.

Doch wollen sie die Wahrheit kennen?

Nein!

Interessieren sie sich dafür?

Nein!

Sie schaffen ihre eigene Welt.

Eine Welt, in der sie perfekt sind.

Eine Welt, in der ich ein Niemand bin.

Eine Welt, in der keiner so ist wie sie.

In dieser Welt sind sie die einzig,

Die einzig Wahren.

Sie sind die Perfektion.

Der Rest hat Makel.

Nicht nur ein Makel.

Auch nicht zwei!

Sondern viele,

Abertausende Makel!

Aber wieso?

Wieso haben alle Makel?

Wieso sind sie perfekt?

Können wir dazu gehören?

Die Antwort ist einfach:

Sie entscheiden wer dazu gehört!

Wie sie entscheiden fragt ihr?

Ich weiß es nicht.

Ich kenne sie nicht.

Keiner kennt sie.

Und keiner kennt mich -

Oder euch!

Es sind alles Bilder!

Bilder über euch, sie, mich.

Bilder über uns,

Die andere geschaffen haben.

Doch wer kennt uns wirklich?

Wer beseitigt diese falschen Bilder?

Die Antwort ist einfach:

Keiner.

Maybe you don't know me...

Kennst du mich? Nein, wahrscheinlich nicht und wenn doch, bist du dir wirklich sicher, dass du mich kennst? Das bringt dich wohl zum Nachdenken oder? Vielleicht auch nicht, aber vielleicht möchte ich, dass du darüber nachdenkst. Ich möchte, dass mal alle darüber nachdenken. Darüber nachdenken, wen sie wirklich kennen und wen sie nur meinen zu kennen. Das frage ich mich ehrlich gesagt auch.

Ich habe einen Text in die Richtung gelesen und er hat mich zum Nachdenken gebracht. Aber nicht dieses fünf-Minuten-Nachdenken und das damit verbundene Vergessen danach. Ich meine das Nachdenken, das einen noch tagelang vielleicht auch Monate begleitet und das man nicht vergisst. Also so gar nicht vergisst. Es wird mal verdrängt, aber in einem anderen Moment ist dieses Nachdenken wieder da.

So ein Nachdenken ist diese Sache mit dem „wirklich kennen" und dem „meinen zu kennen", verstehst DU was ich meine?

Ich fang einfach mal mit einem Beispiel an: stell dir vor du sitzt vor deiner besten Freundin oder deinem besten Freund. Ihr unterhaltet euch und irgendwann fällt der Satz „Ich kenne dich doch nur zu gut". Aber hast du dich schon mal gefragt was damit gemeint ist? Was du mit dem Wort „kennen" wirklich meinst? Denkst du mit diesem Satz ist wirklich gemeint, dass man seinen Gegenüber richtig kennt? Ich glaube nicht. Es kann nicht sein, dass man eine Person richtig kennt. Also wirklich alles dieser Person. Mag sein, dass man ein paar

Eigenschaften dieser Person kennt, aber nicht alles. Jetzt möchte ich, dass du dich an eine bestimmte Sache erinnerst. Erinner dich mal daran, wann du das letzte Mal etwas verheimlicht hast. Und zwar vor einer Person, die dir sehr viel bedeutet. Sagen wir mal deine beste Freundin oder dein bester Freund. Ach ja, versuch jetzt nicht zu sagen, dass du noch nie etwas verheimlicht hast. Denn das glaube ich nicht. Kein Mensch macht das. Nichts verheimlichen. Das passt einfach nicht zum Verhaltensmuster, findest du nicht? Zurück zu der Erinnerung: in diesem Moment, als du etwas verheimlicht hast, hast du einen Teil von dir versteckt und für dich behalten und so hat es vielleicht auch deine beste Freundin oder dein bester Freund gemacht...

Aber weg von Freunden. Das ist viel zu konkret. Werden wir mal allgemeiner. Es wird

Zeit das ganze auf eine größere Menschenmenge zu beziehen. Ist dir schon mal aufgefallen, dass du jedem Menschen, den du kennst eine andere Seite von dir zeigst? Einem Arbeitskollegen, deinem Chef oder deinem Lehrer zeigst du meist die freundliche Seite von dir oder vielleicht auch die nicht so freundliche Seite? Deinen Eltern dagegen zeigst du eine Seite von dir, die dich als gute Tochter oder als guten Sohn da stehen lässt und deinen Geschwistern zeigst du die Seite der coolen Schwester oder dem coolen Bruder, mit der/dem man viel Spaß haben kann oder aber du zeigst ihnen, dass du die Verantwortung trägst. Und bei deinen Freunden? Da bist du wieder anders. Ist dir das alles schon mal aufgefallen? Dass du dich bei anderen Menschen anders verhältst? Also mir ist es schon aufgefallen und ich frage mich auch manchmal wieso. Aber dann fällt mir wieder ein was passieren würde, wenn ich vielleicht meine tiefsten Gedanken mit allen teilen würde...und das Fazit, was ich dann ziehe ist, dass ich manche Sachen über mich einfach für mich selbst behalte. Kannst du jetzt immer noch sagen, dass du jemanden richtig gut kennst? Wenn ja, würde das ja bedeuten, dass du jeden einzelnen Gedanken dieser Person kennst oder? Aber ich bezweifle sehr, dass das der Fall ist. Dazu müsste man schon Gedanken lesen können. Klingt an sich cool, aber wenn ich dann darüber nachdenke, dass auch andere einen Einblick in meine Gedankenwelt hätten, dann ist es mir nichts Wert. Auch, wenn ich manchmal zu gerne wüsste, was einzelne Menschen über mich denken, würde ich trotzdem nicht wollen, dass andere einen Einblick ein meinen Kopf haben.

Das wäre ja als würde man das Tagebuch eines Fremden lesen. Für manche mag das moralisch vertretbar sein, aber jeder will doch seine Privatsphäre oder? Oder würde es DIR gefallen, wenn man dich 24 Stunden sieben Tage die Woche beobachten würde. Denn ungefähr so stelle ich mir das vor, wenn jemand meine Gedanken lesen würde. Außerdem würde ich auch nicht wollen, dass jeder alles über mich weiß. Oder willst DU das? Ich glaube kaum und jetzt komme ich wieder zu der Stelle mit dem wirklich richtig gut kennen. Man kann es einfach nicht, obwohl...es gibt eine Person, die wir besser als alle anderen Menschen dieser Welt kennen.

Wer das ist fragst du? Ganz einfach: das bist du selbst. Niemand kennt dich besser als du selbst.

In my mind

Flowers covering my face.
The smell of spring in my nose.
Perfect colours in this place.
Your body near mine – so close.

Feeling your blood –
running through your veins,
our hearts beating –
like thousand hurricanes.

Was uns ausmacht oder auch nicht

You only live once.

Ein Satz, den wahrscheinlich jeder schon einmal gehört hat. Vielleicht ist dies auch das erste Mal, dass ihr ihn hört. Aber habt ihr schon einmal näher darüber nachgedacht, also so über den Satz und das,was damit verbunden ist?

Man lebt nur einmal.

Das ist die deutsche Übersetzung. Ein Satz, den man einfach so daher sagt, um irgendwelche Dinge zu entschuldigen, wie das Rauchen oder Bunjee Jumping zu machen, obwohl man sein Leben riskiert. Aber ich verbinde mit diesem Satz auch andere Sachen. Sachen, die jetzt nicht unbedingt was damit zu tun haben, dass ich ein Verhalten oder eine Handlung entschuldigen möchte. Meine Gedanken wandern weiter. Viel weiter in die Zukunft. Um genau zu sein an mein Sterbebett. Manch einer denkt sich jetzt: wieso macht sie sich in diesem Alter schon solche Gedanken? Sie ist doch erst 19 und ihr Tod liegt noch weit in der Zukunft... Aber habt ihr schon mal daran gedacht, dass der Tod eigentlich jeden Moment vor eurer Tür stehen kann. So plötzlich aus dem nichts da sein kann? Tja, so denke ich. Und in Bezug auf diesen einen Satz von vorhin: ich denke daran, was ich am Sterbebett bereuen würde. Es mag sein, dass es Menschen da draußen gibt, die bereuen, was sie getan haben. Aber der Großteil der Menschen bereut, was er nicht getan hat. Zum Beispiel das Verzeihen. Manche bereuen, dass sie einer bestimmten

Person nicht verziehen haben und wenn sie dann zum Schluss da liegen, denken sie daran. An diese Person. Oder sie denken an die Reise, die sie damals nicht angetreten sind, weil sie Angst hatten es zu tun.

Auch, wenn ich noch keine Ahnung vom Leben habe: eines weiß ich, es gibt jetzt schon Dinge, die ich irgendwie bereue nicht getan zu haben. In diesen Momenten, als ich es nicht getan habe, habe ich gedacht, dass es gut so war, aber jetzt im Nachhinein frage ich mich: wieso hast du es einfach nicht gemacht? Weniger bereue ich die Sachen, die ich getan habe. Denn auch wenn sie doof gelaufen sind: am Ende habe ich etwas mitgenommen, was ich beim nächsten Mal besser machen kann.

Ich versuche auch alles zu sehen was ich sehen will. Die verschiedensten Dinge auszuprobieren und das Wichtigste für mich:

ein Zeichen zu setzen. Das versuche ich auch. Ich will nicht einfach so in Vergessenheit geraten. Ich will, dass man sich an mich erinnert. Ich erinnere mich noch an den Moment als Augustus Waters, eine von John Green erschaffene Figur in seinem Buch „Das Schicksal ist ein mieser Verräter", sagte, dass seine größte Angst das Vergessenwerden sei. Es war einer dieser Momente in Büchern, in denen ich glaubte Teile von mir wieder zu sehen. Das passiert nicht oft und es braucht auch einiges so mit einem Buchcharakter mitzufühlen, findet ihr nicht? Um nicht vergessen zu werden, schreibe ich. In der Hoffnung, dass es eines Tages von tausenden Menschen gelesen wird und man meinen Namen mit meinem Gesicht verbindet, so dass ich in Erinnerung bleibe. So dass ich nicht vergessen werde und am Ende nicht da liege und sage: „Hätte ich doch nur diese Texte veröffentlicht." Wie alle anderen lebe ich auch nur einmal und ich finde meine Texte sind ein Teil von mir...machen mich irgendwie aus. Ohne sie kann ich mir mein Leben nicht mehr vorstellen. Das wäre nicht ich, sondern ein Kopie...

You only live once – Man lebt nur einmal.

Ist euch schon einmal aufgefallen wie kurz das Leben eigentlich ist? Wenn man die Geschichte der Erde in 24 Stunden betrachtet, dann sind wir gerade einmal eine Minute und 17 Sekunden hier. Erstaunlich wie kurz das ist und doch kommt uns manchmal auch nur eine Stunde wie eine Ewigkeit vor. Und wann anders? Da verfliegt die Zeit und sechs Wochen vergehen als wäre es erst ein kleiner Tag gewesen. In einem Moment sind wir noch Kinder und im nächsten Moment stehen wir da und schauen zu wie wir die Steuererklärung ausfüllen.

Aber sollten wir uns von der Zeit aufhalten lassen Dinge zu tun, die uns am Herzen liegen? Nicht wirklich oder? Jedoch kann ich mir gut vorstellen, dass einige es trotzdem tun. Bei solchen Personen frage ich mich dann wieso sie es tun. Sehen sie nicht, dass wir unsere Zeit ausnutzen müssen? Egal, ob wir am nächsten Tag einen wichtigen Termin haben oder eine alles entscheidende Klausur: kommt es nicht darauf an im Moment zu leben und glücklich zu sein?

Vielleicht war es nichts

Kalte Hände auf –
warmer Haut.
Warmes rot auf –
kaltem Herz.

Eine Träne aus
Verzagtheit,
jagen Schauer durch
meinen Kopf.

Liebe war es,
auf den ersten Blick.
Doch übrig blieb
nur Finsternis.

Gähnende Leere

breitet sich aus...

...in mir, in uns –

überall.

Darkness

Dunkelheit kann uns manchmal verschlucken. So, dass andere uns nicht mehr sehen oder so, dass wir uns selbst nicht mehr sehen. Aber das wäre eher die Dunkelheit von außen. Zum Beispiel, wenn es draußen dunkel wird oder wenn wir uns in einem dunklen Raum befinden. Es gibt auch diese andere Art von Dunkelheit. Diese andere Art von Dunkelheit verschlingt uns von Innen. Sie breitet sich langsam aber sicher aus und wenn wir es merken, ist es schon zu spät. Denn dann verschlingt sie uns auf einmal. Nur wir sehen diese Dunkelheit. Kein anderer tut es. Was die anderen sehen ist Leere. Leere in unsere Augen. Augen, die das Tor zu unserer Seele sind, welche schon längst von dem Dunkel verschlungen wurde. Wenn sie diese Leere sehen, diese ausdruckslosen Augen, ist es sowieso zu spät. Die Dunkelheit hat alles weggenommen, was einmal war. Das tut sie immer. Alles weg nehmen und wir können nichts dagegen tun.

Fantasiewelten

Grüner Schimmer,

voll Hoffnung.

Glitzernde Elfen

in erfüllender Wonne.

Tanzende Sonnenstrahlen

voll Wärme.

Gleißende Augen

bergen neugierige Blicke.

Fantastische Welten

voll Wunder.

Erfüllte Träume

rauben den Atem.

Danksagung

Sprachlos. Das bin ich an dieser Stelle. Wieso fragst du dich? Ganz einfach. Ich habe ein Buch geschrieben, von dem ich dachte, dass ich es nie schaffen würde. Wie es sich anfühlt? Komisch. Es ist einfach komisch, dass nun plötzlich so viele Menschen die Worte zu lesen bekommen, die man selbst geschrieben hat. Es macht mich überaus glücklich, dass dieser Wunsch von mir in Erfüllung gegangen ist, auch, wenn es nicht so viele Seiten sind. Aber es ist trotzdem ein Buch. Etwas, dass ich dennoch in den Händen halten darf. Mir ist tatsächlich zum weinen zumute! Aus Freude natürlich.

Danke. Das muss ich an dieser Stelle auch sagen. Danke an all die Personen, die an mich geglaubt haben. Die geglaubt haben, dass ich eines Tages schaffe ein eigenes Buch zu veröffentlichen. Danke an meine Familie. Meine Eltern und meine Geschwister. Auch ein riesiges Dankeschön an meine Testleserinnen Jana, Maria, Pauli, Anna-Luisa und Sarah (die übrigens auch meine Schwester ist).

Zu guter Letzt auch ein Danke an dich, der du das hier liest. Danke, dass du dich für „Gedankenverloren" entschieden hast. Es bedeutet mir echt viel!